झरोखा

कवि का झरोखा

सुरु(सरस्वती)

/ BookLeaf
Publishing

India | USA | UK

Made with ❤ on the BookLeaf Publishing Platform
www.bookleafpub.in
www.bookleafpub.com

Dedication

झरोखा समर्पित है उन सभी लोगों को जो मेरे जीवन में आए और मुझे प्रेरित किया। मानवता सबसे बड़ा धर्म है और प्रेम सबसे बड़ी साधना। यही इसका आधार है।

Preface

दुनिया में हम कितने ही लोगों से मिलते हैं। सबके अलग-अलग व्यक्तित्व, अलग ही कहानी होती है। झरोखा के माद्धयम से मैंने उन्हीं कहानियों को झलकाने की कोशिश की है। झरोखा एक नज़रिया है दुनिया को देखने का। आशा करती हूँ ये पाठकों के मन को छू सके।

Acknowledgements

मैं अपने समस्त परिवार, विशेष कर अपने बच्चों की आभारी हूँ जिन्हेंने मुझे झरोखा लिखने में बहुत मदद की। मैं धन्यवाद देती हूँ उन सभी लोगों का जो मेरे जीवन में आए। अंत में मैं ऋणि हूँ उस परमेश्वर की जिन्होंने मुझे इस कार्य के लिए चुना। मैं सह्रिदय कृतज्ञ हूँ अपने स्वर्गीय पिताजी का जो हमेशा से ही मेरे प्रेरणास्रोत रहे हैं।

1. मेरे अंतर्मन की ज्योत से

मेरे अंतर्मन की ज्योत से
मेरा नमन स्वीकार करो
तेरे दर पर खड़ी हूँ प्रभू
ठुकरा दो या प्यार करो।

मेरे अंतर्मन की ज्योत से
मेरे जीवन में प्रकाश भरो
कबसे अँधेरे में भटक रही हूँ
तुम ही अब उद्धार करो।

मेरे अंतर्मन की ज्योत से
मेरे ह्दय में निवास करो
तेरी ही अंश हूँ मैं भी तो
मेरा लक्ष्य साकार करो।

2. मेरा शहर मेरा न रहा

सुकून के पल तो ढूँढ ही लेते हैं पर
कोई मकान, कोई घर, कोई बसेरा न रहा
अब तो मेरा ही शहर मेरा न रहा।

शामें तो गुलाबी यों भी हैं
बस वो सुनहरा सा सवेरा न रहा
अब तो मेरा ही शहर मेरा न रहा।

जिम्मेदारियों ने कुतर लिए हैं पंख हमारे
तितलियों से मंडलाते अब वो फेरा न रहा
अब तो मेरा ही शहर मेरा न रहा।

कहने को तो '**अपने**' बहुत हैं हमारे
पर जब आवाज़ लगाई तो कोई मेरा न रहा
अब तो मेरा ही शहर **मेरा** न रहा।

सड़कें भले चलती हों अब भी यहाँ
गूंजते हैं खामोशियों के तराने, वो फेरा न रहा
अब तो मेरा ही शहर मेरा न रहा।

चले गए वो सपने जो बिंधते थे आँखों में
चांदनी रातों में अब कोई तारा न रहा
अब तो मेरा ही शहर मेरा न रहा।

2. जिसके पास तुम हो

जिसके पास तुम हो
वही तो तुम्हारा अपना है
वो जो बिछड़ गया कहीं
वो तो कोई सपना है।

जिसके पास तुम हो
सुख-दु:ख में तुम्हारा भागी है
जो छूट गया है तुमसे
भला उसने क्या त्यागी है!

जिसके पास तुम हो
महसूस कर लो उसके एहसास को
कहीं खो न जाए तुमसे
और तरस जाओ उसके पास को।

4. रास्ता तेरी तरफ़ का

रास्ता तेरी तरफ़ का
मेरी ओर से जाता नहीं
कहाँ मुड़ जाता है जाने
मुझ तक पहुँच पाता नहीं।

रास्ता तेरी तरफ़ का
किसी भँवर से कम तो नहीं
मंज़िल तक पहुँचाएगा
या खो ही जाऊँगी कहीं !

हर मोड़ पर तेरा ख्याल
साथ चलता है, दम तोड़ता है
छोटे-छोटे फासले हैं
पर दर्द बड़ा संग लिए जाता है

रास्ता तेरी तरफ़ का
आँखों में एक आस भरता है
क्या कोई चौराहा आएगा
जो मुझको तुझ तक ले जाएगा?

5. ज़रा सी हिम्मत

वो डरता रहा ज़िंदगी के हर सवाल से
हर एक समस्या लघु या विशाल से।

वो बस करता रहा औरों की कही
उसके मन की मन ही में रही।

आन पड़ी जो कोई उलझन
भारी हो जाता उसका मन।

करता रहा सदा समझौता
जिससे सबको राहत होता।

एक दिन उसने मन में ठानी
अब न होगी किसी की मनमानी।

बस एक दृढ़ निश्चय
और हो गई उसकी जय।

गहन अंधेरे में जब उम्मीद की किरण चमकी,
नया सवेरा, नई राहें खुलती दिखीं।

सपने जो तोड़े खुद ने, उन्हें फिर से जोड़ दिया,
अपने हौंसले को उसने खुदा की तरह पूज लिया।

हर कदम पर जो वो लड़खड़ाया,
वो सबक उसे नया सिखाया।

हंसते-हंसते हर मुश्किल को जीता,
अब वो खुद की कहानी के लिए तख्त पर बैठा।

6. उम्मीदों का नया गुलिस्ताँ

ख़ामियाँ निकालने वालों की कमी नहीं
हम फिर भी खुद पर ज़रा इतरा लेते है।

"किसी को नहीं किसी ने कोई सरोकार"
ये बात भी जैसे-तैसे दिल को समझा लेते हैं।

दर्द देने की बात हो तो दुनिया उतर आए
हम चोट खा कर भी अदब से मुस्कुरा लेते हैं।

मुस्कुराते हैं इसलिए की कोई वजह तो हो
फिर उम्मीदों का नया गुलिस्ताँ सजा लेते हैं।

7. पैमाने

रुपये नहीं तय करते किसी की **हैसियत**
हालात नहीं तय करते किसी की **किस्मत**
डिग्रियाँ तय नहीं करते किसी की **काबिलियत**
औहदे तय नहीं करते किसी की **शख्सियत**

ये सब तो बदलते हैं **पैमाने**
वक़्त के साथ ये भी हैं बदल जाने।

8. एक घूंघट के पीछे

एक घूंघट के पीछे
उसने कितने सवाल छिपाए होंगे
सवाल तो ख़ैर ठीक भी है
पर जाने कितने बवाल छिपाए होंगे।

एक घूंघट के पीछे
उसने होंठें को भी सी लिया होगा
कितने ही किए होंगे समझौते
मर के भी कभी जिया होगा।

एक घूंघट के पीछे
कितने श्रींगार सजाए होंगे
पर आज्ञा की आधीन हो कर
कितने हुक्म बजाए होंगे।

9. जोगन का श्रींगार

जोगन ने जब किया श्रींगार
दंग रह गया सारा संसार।

"क्या मिल गया कोई जोगी वन में,
या कोई इच्छा जाग उठी है मन में?"

तरह-तरह के प्रश्न हैं पूछते
संदेह जो सब के मन में थे उठते।

दूसरी ओर जोगन कुछ-कुछ संवरने लगी थी
सज-धज के और भी निखरने लगी थी।

पहले से वो और भी खुश थी
अब वो जो है पहले और ही कुछ थी।

उसको शायद मिल गए थे ईश्वर
या उसके प्रश्नों को मिल गए थे उत्तर।

जोगन को जिसने लिया था रीझ
वो था कुछ संसार के बीच।

ये संसार ही जब ईश्वर की है रचना
फिर क्यों है संसार से ही बचना?

जोगन अब यह जान चुकी है
जीवन का भेद पहचान चुकी है।

जिस ईश्वर को वो खोजती रही वन में
वो मिल गए उसको अपने ही मन में।

उसकी खुशी में ईश्वर मुस्काते
उसके दुःख में दुःखी हो जाते।

10. जीवन पथ पर चलते चले गए

जीवन पथ पर चलते चले गए
जो रास्ता सामने दिखा उसी पर चले गए।

थक गए कभी तो ठहर गए किसी छाँव पर
हाँ चुभे थे कई काँटे भी मेरे पाँव पर
फिर उठे और लड़खड़ाते चले गए
जीवन पथ पर चलते चले गए।

कभी हो रहा था अँधेरा घना
कभी दिन था जला-भुना
"बस थोड़ी दूर और" यह कहते चले गए
जीवन पथ पर चलते चले गए।

यूँ भी लगा कभी कि बहक गए
चलते-चलते रास्ता भटक गए
सँभलते-सँभलते चलते चले गए
जीवन पथ पर चलते चले गए।

ये पथ मेरा है, मुझे ही चलना होगा
रास्ते पर जो भी मिले, हँस कर मिलना होगा
इरादा और पक्का करते चले गए
जीवन पथ पर चलते चले गए।

11. तब हम नादान थे

खुशियों की मिठास अब फीकी लगती है,
दु:ख में खुद को बस सजा लेते हैं,
दिल की बातों का अब चुप रहना,
क्या हम खुद को भी भूल सकते हैं?

तब हम नादान थे

अब तन्हाई में अंधेरे से डरते हैं,
बीते लम्हों की ख्वाबों में खो जाते हैं,
दिल की आवाज़ को सुनने की चाह में,
सपनों को भी अब नज़रअंदाज़ कर जाते हैं।

12. ख़ुद के फ़ैसले

नाम हो चाहे बदनाम हो
मेरे ही सर ये इल्ज़ाम हो

मै लेती हूँ पूरी ज़िम्मेदारी
किसी श्रय में नहीं कोई भागीदारी

करके अपने बुलंद हौंसले
निर्भीक हो कर लिए हैं मैंने ख़ुद के फ़ैसले।

13. फूल पलाश के

वसंत ऋतु के आगमन से
भर जाए धरा इस चारु सुमन से।

जोगी की तरह ये वन में मिलते हैं
बिना किसी जतन भी ये तो खिलते हैं।

ये बदनसीब, न मिलती इन्हें अपनी भी पत्तियों की छाया
फिर भी लगे जैसे किसी ने जंगल में हो आग लगाया।

आयुर्वेद में भी इनके मिलते हैं वर्णन
चिलचिलाती धूप में भी दमकते ये कुंदन।

एक अलग ही अपनी पहचान बनाते
धरती माँ को अलंकृत कर सजाते।

ले कर आते अपने साथ ही फागुन
जैसे एक नई कहानी की हो गई शगुन।

भूरी टहनियों पर पंखुड़ियाँ सिंदूरी
जैसे पूराने प्रीत को मिल गई मंजूरी।

भू पर खिले हों जैसे तारे आकाश के
अनुपम हैं ये फूल **पलाश** के।

14. ओस की चंद बूंदें

खुशबू से भरी ये चुप्पी भी लुटाई,
तुमसे पहले कभी न ये मुस्कुराई।
ओस की चंद बूंदें मैं तुम्हारे लिए चुरा लाई।

मेरे दिल की धड़कन में बसी हैं ये,
तुम्हारे असर से इन्होंने रंगाई।
ओस की चंद बूंदें मैं तुम्हारे लिए चुरा लाई।

चाँद के संग ये बातें भी कर गईं,
अंधेरों में मैं रोशनी बिखेर लाई।
ओस की चंद बूंदें मैं तुम्हारे लिए चुरा लाई।

आओ, अब इस खूबसूरत पल में खो जाएं,
इस जादू में हम खुद को भुला लाई।
ओस की चंद बूंदें मैं तुम्हारे लिए चुरा लाई।

15. बदलती दुनिया

बदलती दुनिया के दस्तूर निराले
तब कुछ था अब कुछ और कर डाले।

पल-पल बदल जाता है दौर
अलग-थलग हैं इनके तौर।

बदलती दुनिया के साथ हमने भी बदल कर देखा
गिरते-गिरते भी संभल कर देखा।

प्रकृति का नियम ही है बदलाव
घातक हो जाता है ठहराव।

बदलती दुनिया में बदलना न सीखा जिसने
चोट लगेगी न जाने कितने।

हर मोड़ पर छिपा है नया सबक
कभी सूरज की धूप, कभी बारिश की झलक।

अंधेरों से निकलने की राह ढूँढते हैं हम
बदलते रंगों की तस्वीरों में जीते हैं हम।

समय की लहरों पर तैरते हैं सब
पर कुछ पल ठहरना भी है ताजगी का सबब।

16. आसान नहीं होता

राहें जो आगे लेकर जातीं हैं
किसी ही मोड़ पर वो मुड़ जातीं हैं
फिर कभी-कभी तो खो ही जातीं हैं।
हर राह मंज़िल तक पहुंचाए ये गुमान नहीं होता
सही राह को चुनना **आसान नहीं होता।**

ज़िंदगी भरी है चुनौतियों से,
भिन्न-भिन्न रिवाजों और रीतियों से,
तो कभी ज़माने की कुटनीतियों से।
हर रिवाज़ ज़िंदगी का फरमान नहीं होता
और हर रस्म को बदलना **आसान नहीं होता।**

मुकद्दर में जो लिखा है सो तो मिलेगा
पर मुकद्दर के ही भरोसे बैठे रहे तो क्या होगा!
कर्म पथ तो हमें ही चुनना होगा।
कर्म पथ पर चलने वाला नादान नहीं होता
माना कि ये तरीका भी **आसान नहीं होता।**

दुनिया तो हर चीज़ की कीमत तय कर लेती है
मुफ़्त में किसी को कुछ भी नहीं देती है
बस 'ग़म' के बदले ये कुछ नहीं लेती है
शायद उसके मोल बराबर कोई सामान नहीं होता
और हर एक कीमत को चुकाना **आसान नहीं होता।**

17. साड़ी

नहीं है ये सिर्फ एक लिबास
ये है एक नारी का आत्मविश्वास।
मेल है ये संस्कृति और मर्यादा का
कला को भी संजोते अपने पास।

छपी हो या हो सादी,
रेशम हो या खादी,
हर हाल में लगती न्यारी
पहने नानी चाहे दादी।

बीवी का पल्लू हो या माँ का हो आँचल
दुनिया के धूप में छाया देती शीतल
स्नेह का अंबार लगाती
शांती देती है हर पल।

हर लहर में छुपी है कहानी,
हर मोड़ पर बसी एक निशानी।
होंठों पर लहराता अल्फ़ाज़,
बोलती है ये साड़ी की आवाज।

जीवन की यात्राओं में साथी
सपनों की कोख में लाती प्रगति।
ये हैं सिर्फ कपड़े नहीं
ये हैं रिश्तों की खूबसुरती।

18. मज़ाक मज़ाक में

निकल गई कोई बात कभी मज़ाक मज़ाक में
अब बढ़ने लगी वही बात, बात बात में।

कुछ था जो चुभ सा गया है दिल में
रुसवा तो हम हो ही चुके थे भरी महफ़िल में।

न ज़ुबान पर आता, न ज़हन से जाता
रह-रह कर मुझे कितना सताता।

भूलना चाहें भी तो भुला न पाएँ
फिर भी बेवजह ही मुस्कुराएँ।

तुम तो कह गए 'मज़ाक '
हम तो अब तक पड़े हैं अवाक।

19. मेरी कहानी

ये कहानी मेरी है
तो इसे मुझे ही लिखनी होगी।
एक-एक पन्ना भरूंगी मैं
मुझसे जितनी होगी।

बखूबी निभाऊंगी हर किरदार
मुश्किल चाहे जितनी होगी।
ये कहानी मेरी है
तो इसे मुझे ही लिखनी होगी।

कोई और लिखे तो शायद किस्से बदल जाएँ
मेरी कलम ही मेरी अपनी होगी।
ये कहानी मेरी है
तो इसे मुझे ही लिखनी होगी।

मैंने तो कदम उठाया है
अब समय के हाथों में भाग्य की मथनी होगी।
ये कहानी मेरी है
तो इसे मुझे ही लिखनी होगी।

20. नौकरी पेशा

मैं तो अपना काम करता हूँ
दुनिया से मेरा क्या ही वास्ता
होंगी शहर में सड़कें कितनी
मेरा तो बस घर से दफ़्तर का रास्ता।

अपने काम में मगन मैं रहता
मुझे न पसंद हँसी-ठिठोली
घर से दूर मैं तो भूल चुका हूँ
कब है होली और कब दीवाली।

रोटी कमाने घर से निकला हूँ
घर के लिए हूँ पैसे कमाता
परिवार में सुख-शांति हो
घर की ज़रूरतों को मैं मिलाता।

बस एक कसर रह गई जीवन में
उठा न सका मैं परिवार की जिम्मेदारी
जीवन-संगीनि के खाते में छोड़ दी
अपनी सारी दुनियादारी।

नौकरी ने पैसा तो बहुत दिया है
पर छीन ली है आधी जवानी
हम नौकरी पेशा वालों की
ये है एक करुण कहानी।

21. बरसात के बाद खिली धूप

छट गए बादल
खिल गई धूप
महक उठी धरती
चमक उठा उसका रूप।

लोग घरों से बाहर झाँकने लगे
होगा कोई ज़रूरी काम
बरसात की वजह से रुके थे सारे
अब जाके मिल गया आराम।

निखरी धरती, उजला आकाश
बच्चों के भी मन चंचल
"अब तो खेलने दो माँ"
कहते माँ का खिंचे आँचल।

22. जीने के बहाने ढूँढता है

उजड़ी बस्ती में भी
अपने ठिकाने ढूँढता है।

अतीत की यादों में
कुछ किस्से पूराने ढूँढता है।

जो गुज़र चुके हैं पल
वो खुशनुमा ज़माने ढूँढता है।

लक्ष्यहीन जीवन में भी
अचूक निशाने ढूँढता है।

सादी सी ज़िंदगी में
अफ़साने ढूँढता है।

घायल सा बेचारा दिल मेरा
बस जीने के बहाने ढूँढता है।

23. तेरा सानिध्य

वो तेरा सानिध्य ही है
जो भुला देता है मुझसे मुझ ही को
या शायद खुद में भी
ढूँढना चाहती हूँ मैं तुझ ही को।

वो तेरा सानिध्य ही है
जो मेरे विचारों को पोषित करता
मेरे ही प्रतिबिंब को
और भी ज्यादा शोभित करता।

वो तेरा सानिध्य ही है
जो मुश्किल को बना देता सरल
हौंसला बढ़ाता हर कदम पर
बना कर मेरे इरादों को अटल।

वो तेरा सानिध्य ही है
जो केवल संगत नहीं उपहार है
भाग्य से मिलते हैं ये सब
जैसे कोई उपकार है।

वो तेरा सानिध्य ही है
जो तेरी अनुपस्थिति में भी मेरे साथ है
तू दूर हो चाहे फिर भी
लगता है जैसे हाथों में तेरा हाथ है।

24. बयार

होले से छू कर गई जो मुझे
लगता है तुझसे मिल कर आई है
तेरी ही खुशबू शायद
संग अपने वो लाई है।

पूरब से चली थी जो
थमी न किसी भी मोड़ पर
चूनरी जैसे बादल की
आई थी वो ओढ़ कर।

ठंडे-ठंडे झौंके, भिनी सी खुशबू
कानों में कुछ कह जाते हैं
वो तो चली जाती है पर
उसके स्पर्श जैसे रह जाते हैं।

बयार नहीं जादू है ये
तन-मन में ताजगी भर जाए
दिशाहीन सी खड़ी मैं
मुझे मंत्रमुग्ध कर जाए।

25. दीपशिखा

बाती मत कहो मुझे
मैं तो हूँ **दीपशिखा**
खुद मैं कहीं न जाती
पर सबको रास्ता रही दिखा।

दीपशिखा हूँ मैं
जलना मेरा काम है
पर श्रेय मिलता बस दीपक को
मेरा कहाँ कोई नाम है!

अंत तक जलूंगी मैं तो
मैं जो हूँ **दीपशिखा**
सिर्फ दीप्ती ही नहीं अग्नि भी
मैंने संजोकर है रखा।

शुद्धता की प्रतीक हूँ मैं
मैं ही हूँ आशा और विश्वास
दीपशिखा के ही लौ से
बिखर जाता है प्रकाश।